AF509108

LA SVFFISANCE

DE MAISTRE COLAS

Durand, dict Cheualier de Villegaignon, pour ſa retenue
en l'eſtat du Roy. ſ.

ITEM.

L'eſpouſſete des armories de Villegaignon
pour bien faire luire la fleur de lis,
que l'Eſtrille n'a point
touchee.

BIBLIOTHÈQUE DE L'ARSENAL

M. D. L X I.

A LA ROYNE MERE DV ROY.

MADAME, estant l'inclination de l'annee presente disposee à grand foison de fols, il seroit vtile & expedient au public d'y pourueoir de quelque ordre, pendant que les feues sont encores en fleur : & pour ce faire, commander que par ceux qui sont experts & cognoissans par experience ou autrement la diuersité des humeurs des folz, insensez, furieux, maniaques, & autres fols qui de-present se manifestent, fussent ouys & visitez, & par eulx enquis de ce qu'ils peuuét faire en leur estat, auát que le pouuoir exercer en la liberté que ledit estat lé requiert, sans aucunement s'ingerer auant la preuue audit exercice, pour le danger qui en pourroit aduenir, si autrement se faisoit. Et pource qu'il y a des fols en plusieurs sortes : les vns fols en Latin, les autres en Fráçois & de plusieurs autres sortes, il est bien requis qu'ils soyét distinguez fort pru

demment, à fin qu'ils n'entreprenent
les vns fur les autres, Vous auez pour
cela, Madame, affez de gens, Dieu
merci,& bien experts, fans en emprū-
ter d'ailleurs,& ne refte que les commettre. Et pour faire leur coup d'ef-
fay,ordonner qu'ilz commencent en
la perfonne de maiftre Colas Durand
licencier en Droict, ce grand fol di ie,
qui fe dit Cheuallier de Villegaignō,
pour auifer à fa capacité & fuffifance,
& quel ordre & rang il tiendra entre
les fols, foit en Latin ou en François,
& en quel art il s'appliquera, foit à
plaider,iuger,hiftorier,prefcher,com
pofer en Theologie, ou bien en l'art
militaire par mer ou par terre. Et de
vray,Madame,il a pieça fait grāde &
bonne preuue de foy tant au Palais à
Paris,qu'en voftre Court, en laquelle
il a longuement ferui de ce meftier le
feu Roy Frāçois: de forte que dès lors
il a efté tenu des premiers en reputation de fuffifance & capacité en toutes fortes de follies, autāt qu'autre fol
qui apparuft de ce temps la: & a con-

tinué du viuant du Roy Henry de bõne memoire, voſtre ſeigneur & mari, qui luy ordonna ceſte notable commiſsion de la cõqueſte d'vn royaume de quatre arpens, pour l'acheuer à le rendre parfait en ſon entrepriſe. Or eſt il ainſi qu'il eſt de retour de ce lõg voyage ou il a grandement profité en ſa profeſsion. En telle maniere qu'entre les Barbares trauaillé de faim & de ſoif, mãgé de poux & de vermine, il s'eſt tellement auancé, & ſes folies, que ſans liures & eſtudes il eſt deuenu Theologien iuſques aux dents, dont il s'ayde auſsi parfaictement que ſon compaignon Noſtradamus de ſon aſtrologie. Maintenãt doncq il s'eſt rẽdu au lieu dont il ſe departit pour cõtinuer ſon ſeruice d'ayeul & pere aux enfans. O quel dommage c'euſt eſté, que d'vn tel perſonnage le Royaume euſt eſté priué, & qu'il fuſt demeuré entre les Barbares ſans acheuer le cours de ſon entrepriſe, & mettre en lumiere la grandeur de ſes cogitatiõs & diſcours, qui n'eſt petite beſongne,

A .iij.

puis que noſtre mere l'Vniuerſité fille aiſnee du Roy, par le rapport de la treſſacree faculté les a dignement approuuez! Et pourtãt Madame, à fin de garder l'ordre decét en tel ouurage, il vous plaira commettre les ſeigneurs de bruſquet & Greffier de Loris, vos officiers & fort experts, chaſcun ſelon ſon induſtrie, pour ouyr & examiner ledict maiſtre Colas Durãd, s'enquerir de luy & de ſa ſuffiſance, veoir les liures qu'il a tant propremét compoſez ſelon ſa vacation, auec la Reſpõſe qu'il vous a adreſſee cõtre la Remonſtrãce à vous faicte par l'aduocat(qu'il appelle)des beliſtres: pour le tout veu, cõclure ce qu'ils trouuerõt eſtre à faire, & vous en faire rapport, & iceluy faict le faire coucher en l'eſtat, & luy en faire expedier letres, à fin qu'on ne puiſſe à l'aduenir doubter de ſa ſuffiſã ce, & de l'autorité qui luy ſera dõnee d'eſcrire en toutes ſciéces, principalemét en Theologie, veu meſmes qu'il a tant ſainctemét traité la mãducatıon corporelle de la chair diuine : auſsi

qu’il eſt à eſperer qu’il n’a deſgarny
du premiercoup toute ſa boutique, &
qu’il a encore pluſieurs ſecrets auſsi
pertinéts que les autres, pour mettre
en euidece quãd il vous aura pleu l’au
toriſer. Luy permettãt ſ’aider de deux
notables docteurs fort conuenans à
ſon entendement, & approchans de
ſa capacité: c’eſt à ſçauoir noſtre maiſtre Demochares, & noſtre maiſtre
Hierome Poſſot, moyne de ſainct Be-
noiſt, à fin qu’ilz diſpoſent ſes eſcrits
ſelon la methode & reigle que nos
Maiſtres de la faculté entendét & ont
accouſtumé de garder. Et iuſques à ce
que pareille inquiſition ſoit faite des
autres fols, leur ſoit faicte expreſſe de-
fenſe d’exercer aucunement ledict e-
ſtat de follie publique, ſans preiudice
de ſ’exercer apart en icelle. Et pource
que ledict maiſtre Colas, partant de
ce Royaume à l’executió de ceſte tãt
heureuſe nauigation, eſtoit receu en
la cuiſine dudit feu Roy Héry, il vous
plaira en attendant ſa prouiſion de
meilleur eſtat, luy donner place entre

les Gallopins de la cuisine du Roy, de
peur qu'il ne meure de faim, veu le
grãd dommage que ce seroit. Signé
A. morin procureur general des fols
de ce Royaume. Et audessous : Les-
dicts Brusquet & Greffier sont cõmis
cõme il est requis . Le 26 d'Auril,1561.

Nous Seigneurs du Brusquet &
Greffier de Loris conseilliers du Roy
& commis à l'inquisition & cognois-
sance des fols & insensez de ce royaume,selon la commission à nous adres-
see par la requeste dessus inseree à no-
stre treshonoree dame, la Royne mere du Roy tout hõneur & obeissance.
Madame ,en vertu de vostre dicte cõ-
mission nous auons procedé à l'audi-
tion & examen de maistre Colas Durand, soy disant Cheualier de Villegaignon , & à l'inquisition de la suffisance de sa follie,tant du passé que du
present : & par icelle l'auons trouué
fort & excellemmét digne du seruice
du Roy en cest estat,auquel il est pour
durer lõguemét & plus que son aage
ne promet, & fait grand deuoir d'y
prou-

proufiter & s'auancer de plus en plus,
entreprenant grandes compositions,
pour par icelles paruenir à estre ag-
greable au Pape, esperant que par ce
moyen & de quelque bonne recom-
mandation vostre, il puisse estre Cardinal. qu'il estime chose à luy peu dif-
ficile, côsiderât qu'il y a en luy pl' dequoy l'estre q'au Cardinal Babouin,
qui a esté fait en ceste nouuelle im-
pression. Ses argumés sont, qu'il sçait
plus de Latin que luy: ce que nous luy
accordons: aussi qu'il fait meilleure &
plus asseuree contenance: & s'il adue-
noit qu'au Consistoire il fust besoin
d'vser de coups de poings pour la fa-
ueur du Pape, ou autremêt, il est assez
robuste pour en renuerser vne dou-
zaine. De la verole, il en est aussi bien
garny q̃ sa saincteté, & ledit Cardinal
Babouin, voire autant & plus que hô-
me de tout le Consistoire. Puis il sera
propre à s'embarquer en galeres pour
s'opposer à la puissance du Turc, s'il se
bouge. Que n'auons estimé petites

B .j.

offres, mesmement estans prononcees à la magnificence dudit maistre Colas. S'il vous plaist Madame, il ira bien volontiers a Rome, pour tesmoigner sa suffisance, ou en Turquie, si mieux vous semble: dont il se promet sçauoir la langue par grace infuse cóme sa Theologie: & en toute autre part ou le voudrez enuoyer, voire à tous les diables en payant. Car il est fort las de ieusner, & dit que c'est le plus meschãt mestier qu'il fit onques. Et n'y a rien en toute la Papauté qu'il luy desplaise tant que le ieusne, mais ayant dequoy mordre, il s'en dispêsera fort bié. Ce gros liure en latin qu'il a fait contre Caluin luy a fait grand mal à digerer, cóme il dit. Et de vray, nous ne sçauons comment il l'a rédu, soit par bas ou par hault: & ne veut pl⁹ rentrer en ce mesnage, mais en chargera les venerables Docteurs qui luy seruiront de registre: en François il s'offre à tout ce qu'ó voudra. Sur tout il ne veut plus ieusner auec les Bar-

bares, si loing de la souppe & de son
proufit. Il y a toutefois grandement
proufité, & s'est fort auancé par le
moyen dudit voyage. Pour cóclusion,
Madame , il n'est plus apprenti , mais
homme tout faict & propre à ce seruice de fol, principalement apres le go-
belet. Mais lors , gare les coups , pour
les pages. Car il frape cóme vn sourd :
dont il a voulu vser enuers nous : mais
sans moy mon compaignon le Greffier l'eut estranglé. Vous scauez la pa-
tience de l'homme. Ils ont disputé en
Latin & en François . Mondict compaignon va plus viste de la langue, de
la main , & des pieds à belles greues,
dont sa magnificence fut fort esbahie.
Mais en fin nous sommes demeurez
compaignons & amis. Au combat de
l'escripture, ledict greffier le gaigna
du premier coup. Et pour tout mieux
appoincter entre eux,& les rendre du
tout amis , il vous plaira , Madame,
leur commander de boire ensemble.
Ce qu'ilz feront volontiers . Aussi de

B .ij.

retenir ce grand maiſtre Colas au ſer.
uice du Roy. Car vous faudrez bien
de trouuer ſon pareil. Si vous l'auiez
veu en ſa manie, il n'eſt que trop plaiſant, mais quon ſe donne garde de ſes
mains. Le remede ſera de luy faire dó-
ner trois ou quatre coups de baſton
par ſon gouuerneur. Car il eſt certain
que tant qu'il verra le baſton deuant
luy, iamais ne frapera, & ſera plaiſant
au poſsible, & parlera de toutes lan-
gues, rira, pleurera, chãtera, preſche-
ra, eſcrimera, & fera tous les meſtiers
du monde. Il nous a leu la lettre qu'il
vous a eſcrite contre les Remonſtran-
ces, & c'eſt monſtré fort ioyeux en li-
ſant les deux mots de latin qui y ſont:
& s'enquit fort de nous ſi vous les
trouuiez bons. Bons? dit le Greffier,
elle les cuida manger pour parler Latin comme vous. Veritablement c'eſt
vn plaiſant Robin, & ſelon noſtre experience nous le iugeons & eſtimons
digne de la retenue & eſtat du Roy,
pour eſtre pour le moins ſon fol en

Francois. Si ne voulez luy donner l'eftat du Cardinal d'Yort, qui eft pieça vaquant en France, à faute de l'eftre trouué homme de fa fuf-fifance. Et pour n'omettre rien de noftre deuoir au faict de l'execution de noftre commiffion, vous plaira entendre, Madame, qu'a-pres que mon compaignõ le Gref-fier eut gratté fa tefte, & efternué par deux fois, il fe print à rire iuf-ques aux larmes, & ne nous voulut cacher ce que fa bonne & recom-mandable memoire luy auoit mis en auant. Il me fouuient, dit-il, de fort long temps, qu'eftant logé à Prouins, vn grand clacquedent de Durand, fort refemblant à no-ftre homme, renfrongné, chagrin & defpit, paffa & repaffa par trois fois bien accompagné d'enfans de ladicte ville: & me doutay fort par fa contenance, qu'il eftoit des no-ftres. Dieu gard, monfieur, Dieu gard. Pas vn mot. Hola, hola, c'eft

B .iij.

bien reſué. Mot. Ie m'approche
pour le mouſcher & luy hauſſer le
nez. Lors il s'arreſte, diſant, Com
paignon, Dieu vous gard: d'ou ve-
nez vous ? qui eſtes vous ? ou allez
vous ? d'ou eſtes vous ? Tant de de-
mandes ! Mais vous, à quoy reſuez
vous ? Tout beau, tout beau, dit Villegaignon, monſieur le Greffier
pour la pareille : c'eſt mon pere le
Preuoſt de Prouins, duquel vous
parlez. Eſpargnez les treſpaſſez.
Mais quoy les treſpaſſez ? ſi me faut
il acheuer le conte. Ie ſuis bien en-
nuyé, dit-il. Et pourquoy ? Pource
que i'ay eſté condamné de baiſer
en iugement le cul d'vne cheure,
de laquelle i'ay eſcorché l'oreille à
belles dents, l'ayant trouuee brou-
tant en mon iardin. Le cul, le cul !
fut-ce ſans boire. Helas c'eſt pourquoy ces enfans ne ceſſent de châ-
ter apres moy ceſte chanſon que
vous oyez. Et moy apres, & de châ-
ter, & de danſer auec eux, tenant

monsieur Durand par la main. Et des lors fusmes bons amis. En la bonne heure soit, respond Colas, embrassant le Greffier. Il n'est pas aussi que n'ayez cogneu feu mon oncle, chanoyne de Noyon, Monsieur du Fresnoy. Cognu, dit le Greffier, Ouy da, ouy da: & si ne le cognu oncq: & le cognoy encores à telles enseignes, qu'apres auoir perdu son proces, il le mangea de brocque en boucque: & à bõ droict comme il disoit: car son proces l'auoit mangé plus de trois ans. Du depuis il ne cessa ietter par bas citations, procurations, defaux, adiournemens, intendits, contredits, saluations, inuentaires, sentences & arrests. Et vous, mon compaignon, frappant l'espaule de Colas Durand (quauez vous faict du breuiaire de hautegraisse de ce moine de Sorbõne qui vous chiffre vostre Latin ? C'est pourquoy, Madame, qu'ayant auallé ce breuiaire a-

uec les Antiphones, Kyrielles &
Oremus, il est deuenu tout à lin-
stant theologien, de sorte qu'il ne
crache, ne tousse par haut ni par
bas, que manducatiós, transsubstã-
tiations, incorporations, suspēsions
d'accidens en lair, compositions de
pains deifiez, & de dieux impanez,
questions, arguments, sillogismes
en barroco, contemplations, & tãt
de sens moraux & allegoriques,
que tout en put. Brief, Madame, le
bõ preu Cheuallier Colas Durãd,
est autant accompli en son art, que
homme qui s'en mesla iamais : dõt
il maintient tresbien sa possession,
non seulement de pere en fils, mais
en ligne descendente, ascendente,
transuersale, à droit & à gauche, de
quelque costé qu'on le puisse pren-
dre. Et s'il aduient que ce droict
luy soit mis en controuerse, il ob-
tiendra par toutes cours à son in-
tentiõ, & sera maintenu en possession & saisine d'estre dict, nommé,
& tenu

& tenu grand maiſtre fol, en poſſeſ-
ſion & ſaiſine d'exercer tous actes ſer-
uans & conuenans audict eſtat, tant
de ſon droict naturel que de ſes ma-
ieurs, & par preſcription immemoria-
le non interrompue, dont eſt com-
mune fame & reputation des viuans
qu'ils l'ont ainſi entendu des anciens
decedez, leſquelz anciens decedez
l'ont receu pareillement de leurs anciens, cent ans ſont, voire du temps
du Cõcile de Latran, & de la pragma-
tique ſanction, ſa femme : vous aſſeu-
rant, Madame, qu'il y a en ſon faict
plus de nature, que de bemol ou de
becarre en chanſon que iamais chata
le flageollet de bonne memoire, feu
monſieur de Louuiers, l'vn des bons
gouuerneurs du Reuerẽdiſsime Cardinal d'Amboiſe. Et ne craignez, Madame, auoir faute de fols nayfs, tant
que ceſte race des Durands durera,
que nous vous prions biẽ & ſongneu-
ſement cõſeruer & faire garder pour
le plaiſir de la republique.

C .j.

Madame , nous vous certifions &
rapportons fur le deuoir de noz eftats
tout ce que deffus eftre veritable &
tel eftre noftre iugement & aduis.
En tefmoing de ce, nous Com
miffaires fufdits auons fi-
gné la prefente de noz
feings, & feellé du
fel de nos
armes.

ESPOVSSETE
DES ARMORIES DE
Villegaignon, pour bien faire
luire la fleur de lis que
l'eſtrille n'a point
touchee. 6

E voy bien qu'en traittāt telles beſtes que Villegai-gnon, ſi ſauuages, bigar-rees, hideuſes, & brouil-lees, ou braſſees de plu-ſieurs monſtres, il eſt impoſſible de s'aduiſer de tout ce qui y ſeroit re-quis, pource que quand on pēſe auoir mis tout en œuure, il y demeure touſ-iour, ie ne ſçay quoy de caché. Com-me l'eſtrille, dont ie l'auoye n'agueres vn peu accouſtré, n'a paſſé ſur ſa fleur de lis: en ſorte que le principal de ſes paremens luy defailloit. On s'esbahi-ra que ie veux dire. Et de faict, i'en fu de prime face eſtonné, quand l'vn de mes amis par riſee me demanda com-ment i'auoye eſté ſi hardi de toucher

aux armoiries de France, lesquelles
ont esté depuis peu de tẽps deuement
recogneues & verifiees auec declara-
tion solennelle & authentique, que
vrayement il auoit esté fleltri sur l'espaule. Ie ne diray plus rien de nou-
ueau:pource que le cas a esté agité &
demené en ces Estats particuliers pro
chainement tenus,ou le rustre,à sa fa-
çon,voulut non seulement contrefai-
re le Gentilhomme,mais aufsi s'ingerer de porter la parole pour ceux des-
quels à grand peine estoit-il digne de
porter les pātoufles.Ie croy que beau-
coup n'estoient pas marris d'auoir
quelque passe-temps, iufqu'àce qu'on
vint à s'enquerir de son origine, con-
dition,qualité & fuffifance. Là il fut
defchiffré comme sa race a esté de lõg
temps annoblie de fols: tefmoing son
pere : son oncle nommé du Fresnoy,
chanoyne de Noyon, lequel n'estoit
que maniaque: vn de ses neueux qui
luy a fuccedé : celuy aufsi qui fut de-
bouté par la court de Parlemẽt: brief,

ce ne feroit iamais fait qui voudroit
tout côter. Mais pource qu'on n'auoit
pas loifir de vacquer à ces menus fa-
tras, on luy demande qu'il môftre fon
efpaule, pour fçauoir à quel titre il
porte la fleur de lis. Or pource qu'elle eftoit vn peu fleftrie par longue ef-
pace de têps, il fe cuida bien lauer, fe
plongeant en la mer : c'eft qu'il alle-
guoit les rencontres infinies qu'on a
en lôgues nauigations. En la fin voyât
qu'on luy pinfoit trop viuemét les tra-
ces, il demeure, quoy qu'il en foit, bié
marqué, à fin d'eftre mieux cogneu à
l'aduenir, quelque befte efgaree qu'il
foit. A quoy aufsi ce coup d'efpouffe-
te feruira, pour y donner quelque
peu de luftre qui aide à ceux
qui ne voyent pas
de fi loing.

F I N.

www.ingramcontent.com/pod-product-compliance
Lightning Source LLC
LaVergne TN
LVHW011451170726
843501LV00009B/3359